Inhalt

Die Überschwemmung

Mama und Papa kommen
vom Einkaufen.
Da sehen sie das Wasser.
Es kommt aus dem Badezimmer.
„Eine Überschwemmung!“, ruft Mama.
Schnell öffnet Papa die Tür zum Bad.

Da sind Fips und Feli.
Fips und Feli spielen
mit dem Feuerwehrboot.

Das macht Spaß.

Aber alles ist nass.

„Ich dachte schon,
ich muss die Feuerwehr rufen“,
sagt Papa und lacht.

„Die ist doch schon da!“,
antwortet Fips.

Da klingelt es an der Haustür.
Es ist Frau Knopf, die Nachbarin.
„Ihre Kinder lachen zu laut!“,
ruft Frau Knopf.

Papa antwortet freundlich:
„Wir wollen ohnehin gleich in die Stadt,
dann haben sie ihre Ruhe.“

„Wir gehen auf
das Feuerwehrfest“,
sagt Mama.

„Unser Papa ist nämlich
Feuerwehrmann“,
meinen die Kinder stolz.

Zuerst räumen sie das Bad auf.
Papa zieht seine Uniform an.

Dann stürmen sie die Treppe hinunter.
„Lacht nicht zu laut im Hausflur“,
ermahnt sie Mama.

Die Katze auf dem Baum

Auf dem Feuerwehrfest
gibt es viel zu sehen:
Drehleitern, Feuerwehrhelme,
Löschfahrzeuge.

Fips und Feli dürfen sich
in ein Feuerwehrauto setzen.

Da geschieht etwas.
„Wir haben einen Notruf erhalten“,
sagt der Feuerwehrhauptmann.

„Wir sollen eine Katze retten.
Sie ist auf einen Baum geklettert
und kommt nicht mehr herunter.“

Mit Blaulicht fahren Papa
und der Feuerwehrhauptmann los.
Fips und Feli und Mama fahren mit.

Da sehen sie die Katze auf dem Baum.
„Die arme Katze“, sagen Fips und Feli.

Die Feuerwehrleiter wird ausgefahren.
Der Feuerwehrhauptmann und Papa steigen nach oben.

Aber die Katze hat Angst.
Sie klettert immer höher.
Schließlich kann Papa
sie einfangen.
Er überreicht sie
dem Feuerwehrhauptmann.
Die Leiter wird eingefahren.

Alle sind froh,
dass die Katze
gerettet ist.
Fips und Feli
streicheln die Katze.

Auf dem Rückweg fällt Feli etwas ein:
„Wo ist eigentlich Papa?“

„Du lieber Himmel,
wir haben Papa vergessen,
bei all der Aufregung“, sagt Mama.

Schnell fahren sie zurück.
Tatsächlich, da ist Papa.

Er sitzt hoch oben auf dem Baum
und baumelt mit den Beinen.

Eilig wird die Leiter
wieder ausgefahren.
Papa rettet sich selbst.
„Kein Problem“, sagt Papa.
„Schließlich bin ich Feuerwehrmann!“

Feueralarm

Endlich sind sie zu Hause.
Mama schließt die Haustür auf.
„Riecht ihr das auch?“, fragt Fips.

Feli sieht aus dem Fenster.
„Es brennt bei Frau Knopf“,
ruft sie aufgeregt.

Jetzt wird es wirklich ernst.
Mama klingelt bei den Nachbarn.

Sie ruft die Feuerwehr an.
Alle eilen auf die Straße.

Inzwischen klettert Papa
über die Feuerleiter nach unten.

Durch das Fenster steigt er ein.
Die Wohnung ist voller Rauch.
„Frau Knopf?“, ruft Papa.
Aber Frau Knopf antwortet nicht.

Da sieht Papa den Topf auf dem Herd.
Das Essen darin brennt lichterloh.
Daher kommt also der Rauch.
Zum Glück brennt sonst noch nichts.

Papa erstickt das Feuer.
Mittlerweile ist
die ganze Straße
voller Feuerwehrautos.
Jede Menge Feuerwehrleute
laufen aufgeregt hin und her.

Dazwischen stehen Mama, Fips und Feli.
„Da ist Papa!“, rufen Fips und Feli.

„Alles in Ordnung“, ruft Papa.
„Es war nur ein brennender Topf!“

Fips und Feli und Mama müssen lachen.
Vor Erleichterung.
Sie haben sich Sorgen
um Papa gemacht.
Zum Glück ist ihm nichts passiert.

Das Festessen

Da kommt Frau Knopf vom Einkaufen.
Das Essen auf dem Herd
hat sie ganz vergessen.

„Was ist denn hier los?“, fragt sie.
Da erzählt Papa von dem Feuer.

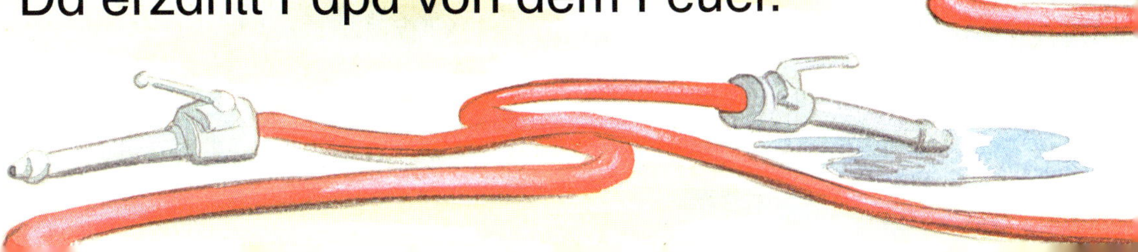

Frau Knopf ist sehr erschrocken.
Sie bedankt sich bei Papa.
„Aber was soll ich denn jetzt essen?“,
fragt sie.

„Sie essen heute Abend bei uns!“,
antwortet Papa.
„Sie sind herzlich dazu eingeladen“,
sagt Mama.

Fips und Feli verdrehen die Augen.
Aber Papa zwinkert den beiden zu.

Die Feuerwehrleute kommen auch.
Es gibt viele feine Sachen.
Frau Knopf hat eine Eistorte gekauft.
Und Sahne.

Vielleicht war das gemeinsame Essen
doch keine schlechte Idee?

Später zeigen Fips und Feli Frau Knopf
das Feuerwehrboot.

„Darf ich auch damit spielen?“,
fragt Frau Knopf.
Natürlich darf sie das.

Sie geht mit den Kindern
ins Badezimmer.
Spielen macht Spaß. Auch Frau Knopf.

Sie lachen laut.

Da kommt Papa ins Badezimmer.

FEUE

„Oh, haben wir etwa zu laut gelacht?“, fragt Frau Knopf.
„Das ist doch kein Problem“, sagt Papa.
„Leise lachen kann man nicht.“

Als Junge wollte **TINO** immer Clown werden. Oder Musiker. Schließlich ist er dann doch Schriftsteller geworden und denkt sich am liebsten Geschichten für Kinder aus. Er lebt mit seiner Frau und seinem kleinen Sohn in einem Haus, das „Villa Wundertüte“ heißt. Wenn man ihn besucht, kann es gut sein, dass er gerade in der Badewanne sitzt. Dort fallen ihm nämlich die besten Geschichten ein …

Eigentlich wollte **Stephan Pricken** Lehrer werden, aber dann hat er es sich doch anders überlegt und an der Fachhochschule Münster Grafikdesign studiert. Seit 2004 ist er als freier Illustrator tätig, für den Leseraben hat er bereits „Der verhexte Schulranzen“ illustriert. Wer gerne mehr über Stephan Pricken wissen will, kann ja mal unter www.stephanpricken.de nachsehen. Dort kann man sich auch einen witzigen Stundenplan herunterladen.

Leserätsel

mit dem Leseraben

Super, du hast das ganze Buch geschafft! Hast du die Geschichten ganz genau gelesen? Der Leserabe hat sich ein paar spannende Rätsel für echte Lese-Detektive ausgedacht. Mal sehen, ob du die Fragen beantworten kannst. Wenn nicht, lies einfach noch mal auf den Seiten nach. Wenn du die richtigen Antwortbuchstaben in die Kästchen auf Seite 42 eingesetzt hast, bekommst du das Lösungswort.

Fragen zu den Geschichten

1. Was entdecken Mama und Papa, als sie vom Einkaufen zurückkommen? (Seite 5)

   W: Sie entdecken eine Überschwemmung.

   D : Sie bemerken ein Feuer.

2. Was ist Fips und Felis Vater von Beruf? (Seite 10)

R : Er ist Polizist.

A: Er ist Feuerwehrmann.

3. Warum haben Mama, Fips und Feli Papa im Baum vergessen? (Seite 19)

S: Sie haben ihn vor lauter Aufregung vergessen.

U: Weil sie schnell zurück auf das Feuerwehrfest wollten.

4. Warum brennt es bei Frau Knopf? (Seite 27)

S: Sie hat das Essen auf dem Herd vergessen.

A: Weil sie die Kerzen nicht ausgemacht hat.

5. Womit spielen Frau Knopf, Fips und Feli? (Seite 35/36)

K: Mit den Feuerwehrautos.

R: Mit dem Feuerwehrboot.

Lösungswort:

1	2	3	4	E	5

Rabenpost

Super, alles richtig gemacht! Jetzt wird es Zeit für die RABENPOST.
Schicke dem LESERABEN einfach eine Karte mit dem richtigen Lösungswort. Oder schreib eine E-Mail. Wir verlosen jeden Monat 10 Buchpakete unter den Einsendern!

An den LESERABEN
RABENPOST
Postfach 20 07
88 190 Ravensburg
Deutschland

leserabe@ravensburger.de
Besuch mich doch auf meiner Webseite:
www.leserabe.de

Leserabe

1. Lesestufe für Leseanfänger ab der 1. Klasse

ISBN 3-473-36038-4

ISBN 3-473-36036-8

ISBN 3-473-36014-7

ISBN 3-473-36037-6

2. Lesestufe für Erstleser ab der 2. Klasse

ISBN 3-473-36043-0

ISBN 3-473-36041-4

ISBN 3-473-36039-2

ISBN 3-473-36021-X

3. Lesestufe für Leseprofis ab der 3. Klasse

ISBN 3-473-36054-6

ISBN 3-473-36051-1

ISBN 3-473-36024-4

ISBN 3-473-36052-X

Gute Idee.